PAUL ROMANUK

LE HOCKEY
SES SUPERVEDETTES
2014-2015

Avec 17 mini-affiches des étoiles et
ton dossier personnel de la saison

Texte français : Gilles Terroux

Éditions
SCHOLASTIC

LES ÉQUIPES

ASSOCIATION DE L'OUEST — DIVISION PACIFIQUE

FLAMES DE CALGARY
Couleurs : rouge, or, noir et blanc
Aréna : Scotiabank Saddledome
Mascotte : Harvey
Coupe Stanley : 1

. . . .

OILERS D'EDMONTON
Couleurs : blanc, bleu marine et orange
Aréna : Rexall Place
Coupes Stanley : 5

. . . .

DUCKS D'ANAHEIM
Couleurs : noir, or, orange et blanc
Aréna : Honda Center
Mascotte : Wild Wing
Coupe Stanley : 1

KINGS DE LOS ANGELES
Couleurs : blanc, noir et argent
Aréna : Staples Center
Mascotte : Bailey
Coupes Stanley : 2

. . . .

COYOTES DE PHOENIX
Couleurs : rouge, noir, sable et blanc
Aréna : Jobing.com Arena
Mascotte : Howler

CANUCKS DE VANCOUVER
Couleurs : bleu, argent, vert et blanc
Aréna : Rogers Arena
Mascotte : Fin

. . . .

SHARKS DE SAN JOSE
Couleurs : bleu sarcelle, blanc, orange et noir
Aréna : HP Pavilion à San Jose
Mascotte : S.J. Sharkie

ASSOCIATION DE L'OUEST — DIVISION CENTRALE

BLACKHAWKS DE CHICAGO
Surnom : Hawks
Couleurs : rouge, noir et blanc
Aréna : United Center
Mascotte : Tommy Hawk
Coupes Stanley : 5

. . . .

AVALANCHE DU COLORADO
Surnom : Avs
Couleurs : bourgogne, argent, noir, bleu et blanc
Aréna : Pepsi Center
Mascotte : Bernie
Coupes Stanley : 2

STARS DE DALLAS
Couleurs : vert, blanc, noir et agrent
Aréna : American Airlines Center
Coupe Stanley : 1

. . . .

PREDATORS DE NASHVILLE
Surnom : Preds
Couleurs : bleu foncé, blanc et or
Aréna : Bridgestone Arena
Mascotte : Gnash

WILD DU MINNESOTA
Couleurs : rouge, vert, or, blé et blanc
Aréna : Xcel Energy Center
Mascotte : Nordy

. . . .

JETS DE WINNIPEG
Couleurs : bleu foncé, bleu, gris, argent, rouge et blanc
Aréna : MTS Centre
Mascotte : Mick E. Moose

. . . .

BLUES DE ST. LOUIS
Couleurs : bleu, or, bleu foncé et blanc
Aréna : Scottrade Center
Mascotte : Louie

MAPLE LEAFS DE TORONTO
Surnom : Leafs
Couleurs : bleu et blanc
Aréna : Air Canada Centre
Mascotte : Carlton
Coupes Stanley : 11

. . . .

SABRES DE BUFFALO
Couleurs : bleu marine, or,
argent et blanc
Aréna : First Niagara Center
Mascotte : Sabretooth

. . . .

PANTHERS DE LA FLORIDE
Surnom : Cats
Couleurs : rouge, bleu marine, jaune, or et blanc
Aréna : BB&T Center
Mascotte : Stanley C. Panther

SÉNATEURS D'OTTAWA
Surnom : Sens
Couleurs : noir, rouge,
or et blanc
Aréna : Centre Canadian Tire
Mascotte : Spartacat
Coupes Stanley : 7
(équipe d'avant 1934)

. . . .

LIGHTNING DE TAMPA BAY
Surnom : Bolts
Couleurs : bleu, noir et blanc
Aréna : Tampa Bay Times Forum
Mascotte : ThunderBug
Coupe Stanley : 1

CANADIEN DE MONTRÉAL
Surnom : Tricolore
Couleurs : bleu, blanc et rouge
Aréna : Centre Bell
Mascotte : Youppi
Coupes Stanley : 24

. . . .

RED WINGS DE DETROIT
Surnom : Wings
Couleurs : rouge et blanc
Aréna : Joe Louis Arena
Mascotte (officieuse) : Al la pieuvre
Coupes Stanley : 11

. . . .

BRUINS DE BOSTON
Surnom : Bs
Couleurs : or, noir et blanc
Aréna : TD Garden
Mascotte : Blades
Coupes Stanley : 6

RANGERS DE NEW YORK
Surnom : Blueshirts
Couleurs : bleu, blanc et rouge
Aréna : Madison Square Garden
Coupes Stanley : 4

. . . .

BLUE JACKETS DE COLUMBUS
Surnom : Jackets
Couleurs : bleu, rouge, argent et blanc
Aréna : Nationwide Arena
Mascotte : Stinger

. . . .

HURRICANES DE LA CAROLINE
Surnom : Canes
Couleurs : rouge, noir, gris et blanc
Aréna : PNC Arena
Mascotte : Stormy
Coupe Stanley : 1

ISLANDERS DE NEW YORK
Surnom : Isles
Couleurs : orange, bleu et blanc
Aréna : Nassau Veterans
Memorial Coliseum
Mascotte : Sparky le dragon
Coupes Stanley : 4

. . . .

PENGUINS DE PITTSBURGH
Surnom : Pens
Couleurs : noir, or et blanc
Aréna : Consol Energy Center
Mascotte : Iceburgh
Coupes Stanley : 3

FLYERS DE PHILADELPHIE
Couleurs : orange, blanc et noir
Aréna : Wells Fargo Center
Coupes Stanley : 2

. . . .

DEVILS DU NEW JERSEY
Couleurs : rouge, noir et blanc
Aréna : Prudential Center
Mascotte : N.J. Devil
Coupes Stanley : 3

. . . .

CAPITALS DE WASHINGTON
Surnom : Caps
Couleurs : rouge, bleu marine et blanc
Aréna : Verizon Center
Mascotte : Slapshot

TON ÉQUIPE PRÉFÉRÉE

Ton équipe préférée : prince goerge Rangers

Association et division : ~~major midget 1~~ NHL

Joueurs de ton équipe préférée au début de la saison

Numéro	Nom	Position
11 g	~~khe~~ Dahl	(C)C
12 g	Aidan mccloskuy	(A)Rw
13 g	Aiden smith	D
14 g	liam mccloskuy	G
15 g	Kyle jhonston	D
16 g	Sean mccloskuy	LW
17 g	cavin tilsey	Sub D
18 g	parker colley	Sub D
19 g	sidney crosbey	Sub c
110 g	Johnathen toews	Sub lw
111 g	wayne grezcy	Sub Rw
112 g	bobby orr	Sub D
113 g	drew douhty	Sub D
114 g	Henrick sedin	Sub Rw
115 g	daniel sedin	Sub lw
116 g	carey price	Sub g
117 l	rick Nash	Sub c

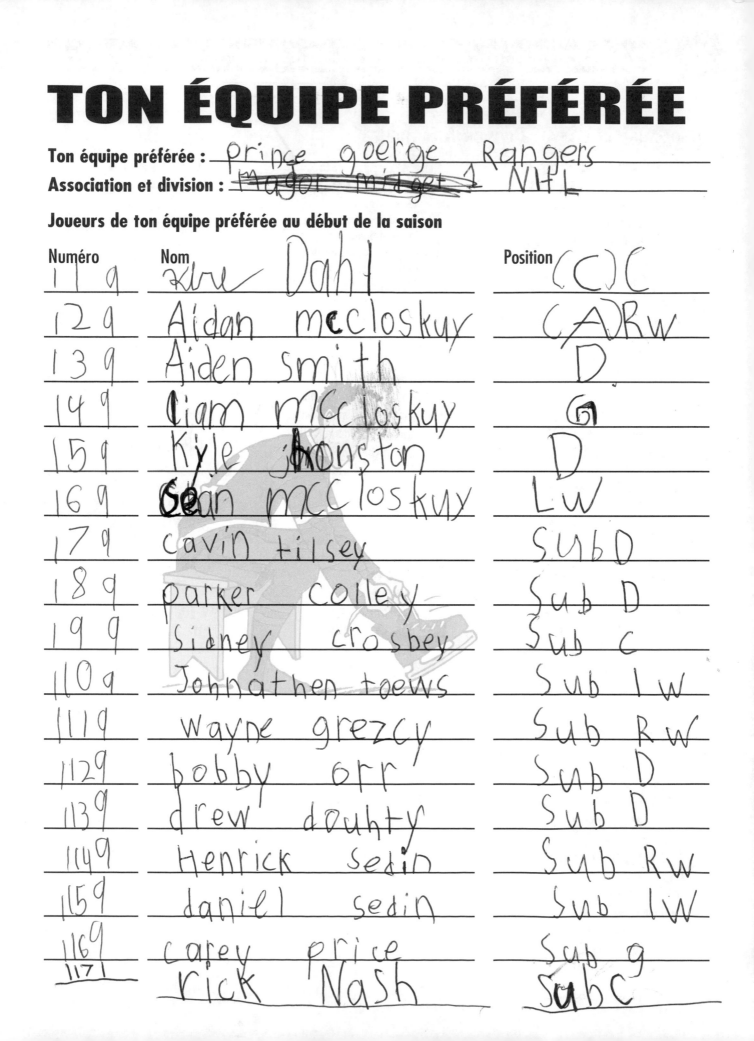

Changements, échanges, nouveaux joueurs

_____   _____   _____
_____   _____   _____
_____   _____   _____
_____   _____   _____
_____   _____   _____
_____   _____   _____
_____   _____   _____

Classement final

Écris le nom de l'équipe qui, d'après toi, remporte championnat dans chacune des quatre divisions.

_____   **DIVISION PACIFIQUE**

_____   **DIVISION CENTRALE**

DIVISION ATLANTIQUE _____

DIVISION MÉTROPOLITAINE _____

Les éliminatoires

Choisis les deux équipes qui s'affronteront lors de la finale de la Coupe Stanley, puis encercle le nom de celle qui, d'après toi, remportera la victoire.

Champions de l'Association de l'Est : _____

Champions de l'Association de l'Ouest : _____

TON ÉQUIPE PRÉFÉRÉE

Les progrès de ton équipe pendant la saison

Le classement des équipes est indiqué à LNH.com et dans la section des sports du journal. Tu peux y apprendre quelle équipe est en première place, en deuxième place, et ainsi de suite, jusqu'à la dernière place.

Certaines abréviations sont utilisées couramment : MJ pour matchs joués, MG pour matchs gagnés, MP pour matchs perdus,

P pour prolongation, PTS pour points, A pour aides et B pour buts.

Vérifie le classement le même jour de chaque mois et note les résultats de ton équipe. Tu seras alors en mesure de suivre ses progrès.

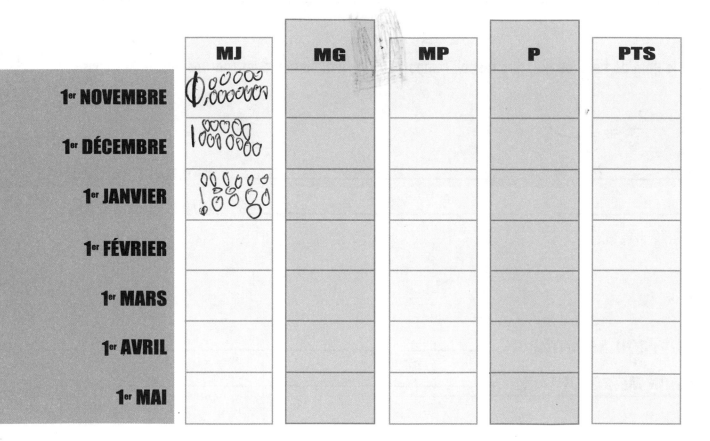

	MJ	MG	MP	P	PTS
1er NOVEMBRE					
1er DÉCEMBRE					
1er JANVIER					
1er FÉVRIER					
1er MARS					
1er AVRIL					
1er MAI					

Classement final

Inscris ici les résultats de ton équipe à la fin de la saison.

NOM DE TON ÉQUIPE	MJ	MG	MP	P	PTS

La fiche de tes joueurs préférés

Tout en suivant les progrès de ton équipe préférée, tu peux aussi remplir une fiche sur tes joueurs favoris. Tu n'as qu'à indiquer, au début de chaque mois, le total des points qu'ils ont obtenus.

Joueur	1er nov.	1er déc.	1er janv.	1er févr.	1er mars	1er avril	1er mai

La fiche de ton gardien de but préféré

Tu peux noter ici la moyenne de ton gardien de but préféré. MBA est l'abréviation de « moyenne de buts accordés », ce qui veut dire la moyenne de buts marqués contre un gardien au cours de la saison.

Gardien	1er nov.	1er déc.	1er janv.	1er févr.	1er mars	1er avril	1er mai

DUSTIN BYFUGLIEN

Dustin Byfuglien ne passe pas inaperçu. Il est plus imposant que la plupart des joueurs de la LNH, son tir est meilleur que celui de nombreux autres joueurs, et plus encore, il brille autant comme défenseur que comme attaquant. Il est devenu le centre de l'attention la saison dernière lorsque l'entraîneur Paul Maurice l'a déplacé de la défense à l'attaque. La décision a donné lieu à plusieurs débats dans les médias et parmi les partisans, mais pour Dustin, il s'agissait simplement de faire ce qu'on lui demandait.

« Je préfère davantage jouer en défense, a dit Dustin, mais ça ne me pose aucun problème. L'important pour moi est de jouer, peu importe à quelle position. »

« Dustin est tellement bon qu'il excelle aux deux positions, a dit Paul Maurice. Il s'agit d'un joueur d'élite que nous pouvons utiliser à l'une ou l'autre des positions. »

Jouer à l'avant rappelle d'heureux souvenirs à Dustin. Il avait été utilisé comme attaquant par les Blackhawks de Chicago lors de leur conquête de la Coupe Stanley en 2010. La position de Dustin avait changé de défenseur à attaquant pendant les éliminatoires et il avait joué un rôle de premier plan en finale de l'association de l'Ouest en marquant le but victorieux dans trois des quatre victoires des Blackhawks.

« Les séries éliminatoires vous poussent à briller, de dire Dustin. Vous devez être prêt à y aller à fond chaque soir. »

> « Un tas de souvenirs vous passent par la tête. Surtout ce qui vous a permis d'en arriver là. C'est drôle, mais la Coupe n'est pas si lourde. »
> — Dustin à propos de la sensation en soulevant la Coupe Stanley en 2010

Que ce soit en séries éliminatoires ou en saison régulière, Dustin a un don pour marquer des buts importants. La saison dernière, il a été l'un des meilleurs joueurs des Jets en supériorité numérique avec 8 buts marqués dans ces situations.

« Vous devez être au bon endroit au bon moment. Prenez votre temps, décochez des tirs et visez le filet. Souvent, c'est tout ce que vous devez faire. »

Voilà de judicieux conseils pour les jeunes joueurs, qu'ils soient attaquants ou défenseurs. Ou les deux, comme c'est le cas pour Dustin.

LE SAVAIS-TU?

Dustin est un mordu de la pêche. Durant l'été, on le retrouve souvent avec une canne à pêche à la main en train de tourner le moulinet pour ramener une grosse prise. Il a déjà participé à des tournois de pêche professionnels.

SOUVENIR

Le grand-père de Dustin a eu une grande influence sur la carrière du joueur des Jets. Dustin se souvient que son grand-père avait toujours hâte de visiter de nouveaux endroits en le conduisant à tous ses matchs. « C'était plaisant qu'il soit toujours là. »

MJ	B	A	PTS	PUN
78	20	36	56	86

Huitième choix des Blackhawks de Chicago, 245e au total, au repêchage amateur de la LNH de 2003

Première équipe de la LNH et saison : Blackhawks de Chicago, 2005-2006

Né le 27 mars 1985 à Minneapolis (Minnesota)

Position : défenseur / ailier droit

Tir : de la droite

Taille : 1,95 m

Poids : 120 kg

SIDNEY CROSBY

C'est un champion, un leader et, dans l'esprit de la plupart, la plus grande supervedette du hockey de la planète. Pour sa dixième saison dans la LNH l'an dernier, Sidney Crosby a été un joueur dominant avec les Penguins de Pittsburgh. Il a remporté son deuxième championnat des marqueurs, son troisième trophée Lester B. Pearson/Ted Lindsay, remis au joueur le plus utile selon les joueurs de la LNH, et son deuxième trophée Hart décerné au joueur le plus utile à son équipe. Lorsqu'on lui a demandé en fin de saison d'évaluer les chances de Sidney Crosby de remporter le trophée Hart, il n'a fallu qu'une seconde de réflexion à l'entraîneur Dan Bylsma pour répondre.

« La question ne se pose même pas. Cette saison, la course n'est même pas serrée. C'est dans la poche, sans le moindre doute. »

« Il ne m'est jamais arrivé de me dire que je souhaiterais faire autre chose. Je fais ce que j'aime le plus. »

Sidney Crosby a franchi le cap des 100 points pour la cinquième fois en neuf saisons et il est en bonne voie pour récolter le 800e point de sa carrière. Ce qui est tout aussi important, c'est que Sid a joué 80 matchs de saison régulière cette année. Ce n'était que la deuxième fois de sa carrière qu'il parvenait à participer à autant de matchs. Les deux saisons précédentes, il avait dû faire face à de nombreuses blessures, notamment des commotions cérébrales. Beaucoup de gens, y compris le joueur lui-même, se demandaient si Sidney se remettrait de toutes ces commotions.

« Je mentirais si je disais que je ne me suis pas inquiété à ce sujet, a dit Sidney Crosby lors d'une interview pour la chaîne CBC. Un jour, vous avez l'impression d'être presque remis et le lendemain vous êtes retourné à la case départ; c'est ainsi avec des commotions. »

Il n'y a pas que les partisans des Penguins qui se réjouissent de revoir Sidney Crosby en bonne forme. Les amateurs de hockey de n'importe quelle ville devraient apprécier tout ce qu'il apporte à ce sport. Espérons qu'il continuera à le faire pendant de nombreuses années.

LE SAVAIS-TU?

La sœur de Sidney, Taylor, est gardienne de but et a pris part à quelques camps de formation de Hockey Canada. Elle souhaite suivre les traces de son grand frère et participer un jour aux Jeux olympiques.

SOUVENIR

À sa première saison, Sidney évoluait aux côtés de Mario Lemieux, membre du Temple de la renommée du hockey et futur propriétaire des Penguins. Sidney conserve de bons souvenirs de ses premiers pas dans la LNH et affirme : « Jouer aux côtés de Lemieux m'a beaucoup aidé, particulièrement au début de ma carrière. »

Statistiques 2013-2014

MJ	B	A	PTS	PUN
80	36	68	104	46

Premier choix des Penguins de Pittsburgh, 1er au total, au repêchage amateur de la LNH de 2005

Première équipe de la LNH et saison : Penguins de Pittsburgh, 2005–2006

Né le 7 août 1987 à Cole Harbour (Nouvelle-Écosse)

Position : joueur de centre

Tir : de la gauche

Taille : 1,80 m

Poids : 90,5 kg

VALTTERI FILPPULA

Il arrive parfois que l'apport d'une supervedette à son équipe dépasse ce que les partisans observent sur la patinoire. Les buts, les mentions d'aide, les ratios plus/moins ne sont pas à dédaigner, loin de là. Mais les chiffres dévoilent peu de la personnalité du joueur et son impact sur l'équipe. Ces facteurs sont tout aussi importants que la colonne des points.

Valtteri Filppula a quitté les Red Wings de Detroit en juillet 2013 sous le statut de joueur autonome pour signer un contrat de cinq ans avec le Lightning de Tampa Bay. Comme des contraintes financières empêchaient les Red Wings de satisfaire ses demandes et de prolonger son contrat, Valtteri a rompu les liens avec la seule équipe de la LNH avec laquelle il avait évolué. Ses coéquipiers et ses entraîneurs s'ennuient de sa contribution sur la patinoire, mais aussi de sa personnalité.

> **« Il n'a pas été facile de quitter Detroit, mais je me plais bien à Tampa Bay. Je pense que nous avons une excellente équipe et un bon groupe de joueurs. »**

« Valtteri a été un grand joueur avec nous pendant de nombreuses années, a dit son ancien coéquipier à Detroit, Niklas Kronwall. Mais c'était avant tout une bonne personne et un gars formidable dans le vestiaire. »

Tout au long de sa carrière dans la LNH, Valtteri a surtout été reconnu comme un joueur qui excellait dans les deux sens de la patinoire, un habile marqueur et fabricant de jeux, mais aussi un joueur fiable en défense. Cette perception a quelque peu changé la saison dernière. Lorsque le joueur de centre numéro un du Lightning, Steven Stamkos, s'est fracturé la jambe en début de saison, Valtteri a été appelé à contribuer davantage à l'attaque. Il a répondu à l'appel en connaissant sa meilleure saison en carrière – 25 buts, 33 mentions d'aide pour 58 points.

« Lorsque Steven Stamkos s'est blessé, nous comptions sur Valtteri pour prendre les choses en mains au centre, a dit son ancien coéquipier Martin St-Louis. Nous avions besoin d'un tel talent. Il a un grand sens du hockey, il est beau à voir jouer et c'est un gars agréable en dehors de la patinoire. »

Valtteri a aidé les Red Wings à remporter la Coupe Stanley en 2008 et il souhaite en faire autant à Tampa Bay. Autant sur la patinoire qu'à l'extérieur.

LE SAVAIS-TU?

Valtteri est l'un des meilleurs spécialistes des mises en jeu de la LNH. La saison dernière, il a été le meilleur joueur du Lightning dans ce domaine avec un pourcentage de réussite de 52,3 %.

SOUVENIR

La conquête de la Coupe Stanley avec les Red Wings de Detroit en 2008 constitue le plus beau souvenir de la carrière de Valtteri. Ce dernier a joué un rôle de premier plan avec une contribution de 5 buts et 6 mentions d'aide durant les séries éliminatoires.

Statistiques 2013-2014

MJ	B	A	PTS	PUN
75	25	33	58	20

Troisième choix des Red Wings de Detroit, 95e au total, au repêchage amateur de la LNH de 2002

Première équipe de la LNH et saison : Red Wings de Detroit, 2006-2007

Né le 20 mars 1984 à Vantaa (Finlande)

Position : joueur de centre

Tir : de la gauche

Taille : 1,83 m

Poids : 88,5 kg

RYAN GETZLAF

Il n'est pas facile de dire ce qui est le plus impressionnant : que Ryan Getzlaf ait accumulé 600 points en carrière ou qu'il ait réussi cet exploit avec une seule équipe : les Ducks d'Anaheim? La plupart de ceux qui jouent depuis aussi longtemps que Ryan, qui s'apprête à entreprendre sa 10e saison, le font souvent au sein de plusieurs équipes. Quant aux 600 points en carrière, seulement 294 autres joueurs dans l'histoire de la LNH ont atteint ce total. Ryan a franchi ce cap la saison dernière avec un but et deux mentions d'aide lors du match du 23 mars 2014 contre les Panthers de la Floride. Il s'agissait de son 623e match dans la LNH.

« J'ai toujours pensé faire toute ma carrière dans une seule équipe. Celle-ci est parfaite pour moi. »

« J'ai appris que j'avais atteint les 600 points, après coup seulement. C'est une autre étape de franchie, toujours au sein de la même organisation », a dit Ryan après le match.

Ryan, qui est arrivé deuxième lors du vote pour le Trophée Hart, trophée du JPU de la LNH, est à l'image de nombreux autres grands joueurs : bien que ce sport soit avant tout son métier, il n'a jamais perdu le goût de jouer au hockey tout simplement pour s'amuser.

« J'aime le hockey depuis l'âge de quatre ans, a dit Ryan. Je suis tombé amoureux du hockey et chaque fois que j'en avais l'occasion, je chaussais mes patins. »

Cette passion a alimenté son succès. Il a remporté un championnat mondial junior, deux médailles d'or olympiques et une Coupe Stanley. Et il continue de s'améliorer. La saison dernière, Ryan a atteint le plateau des 30 buts pour la première fois de sa carrière tout en récoltant 91 points, son meilleur total depuis la saison 2008-2009.

« J'ai toujours pensé qu'il pouvait devenir le meilleur joueur de la ligue, a dit son coéquipier Teemu Selanne. Rien ne semble pouvoir l'arrêter. C'est fascinant. »

Voilà jusqu'où vous pouvez aller avec le talent, la passion pour le sport et une équipe qui tient à vous à long terme.

LE SAVAIS-TU?

Ryan n'est pas seulement un joueur de hockey. Quand il a du temps libre, il aime jouer au golf et au volleyball de plage et faire du wakeboard. Il a même déjà participé à l'exercice au bâton des Angels de Los Angeles.

SOUVENIR

Comme beaucoup de joueurs canadiens, Ryan a gardé de beaux souvenirs de sa participation aux Mondiaux juniors. Il a aidé le Canada à remporter la médaille d'argent en 2004 avant de ravir l'or en 2005.

Statistiques 2013-2014

MJ	B	A	PTS	PUN
77	31	56	87	31

Premier choix des Ducks d'Anaheim, 19e au total, au repêchage amateur de la LNH de 2003

Première équipe de la LNH et saison : Ducks d'Anaheim, 2005-2006

Né le 10 mai 1985 à Regina (Saskatchewan)

Position : joueur de centre

Tir : de la droite

Taille : 1,93 m

Poids : 100 kg

TOMAS HERTL

Tomas Hertl est excité à l'approche de la nouvelle saison, sa deuxième dans la LNH. La précédente a été ponctuée de bons moments, mais elle a pris fin prématurément.

Tomas venait de connaître deux bonnes saisons dans la principale ligue de sa République tchèque natale, confronté à des joueurs beaucoup plus expérimentés que lui, lorsqu'il est devenu le premier choix des Sharks de San Jose. Tomas avait mérité un poste avec l'équipe et a bien paru à ses premiers matchs. Il a récolté une mention d'aide à son premier match avant d'y aller de 2 buts à sa deuxième rencontre.

C'est toutefois à son troisième match qu'il a réellement attiré l'attention. Dans une victoire de 9-2 face aux Rangers de New York, Tomas a marqué 4 buts. Le dernier était spectaculaire : en se dirigeant vers le filet, Tomas a glissé la rondelle entre ses jambes, puis, avec son bâton, il a maintenu la rondelle sur son coup droit et l'a logée derrière le gardien des Rangers, Martin Biron. Les spectateurs à San Jose ont jailli de leur siège lorsque Hertl a célébré son coup d'éclat.

« C'est la LNH, mon rêve. C'est incroyable », a déclaré Tomas dans un anglais sommaire aux journalistes.

« Je n'ai probablement jamais été témoin d'un tel but. »
— Barry Melrose, analyste à la télévision
à propos du but « entre les jambes » de Tomas Hertl

À la mi-décembre, la saison dernière, Tomas était considéré par plusieurs comme le meilleur candidat au trophée Calder remis à la recrue par excellence de la LNH. Puis, durant un match contre les Kings de Los Angeles le 19 décembre 2013, il a subi une blessure à un genou. La blessure a nécessité une intervention chirurgicale, si bien que la saison de rêve de Tomas en est devenue une de récupération. Mais il était de retour sur la glace à temps pour jouer avec l'équipe de la République tchèque à la Coupe du monde en mai. Il a excellé en obtenant 6 points en 9 matchs. Tout indique qu'il connaîtra une deuxième saison impressionnante avec les Sharks et sans blessure, espérons-le.

LE SAVAIS-TU?

Tomas a un frère plus âgé que lui, Jaroslav. Lorsque Tomas a disputé son premier match dans la ligue Extraliga de la République tchèque, les frères Hertl ont été réunis sur le même trio. C'était la première fois que les deux jouaient ensemble.

SOUVENIR

Tomas affirme que pendant son enfance à Prague, les Penguins de Pittsburgh étaient son équipe préférée et il essayait d'imiter son joueur favori, Evgeni Malkin.

MJ	B	A	PTS	PUN
37	15	10	25	4

Premier choix des Sharks de San Jose, 17e au total, au repêchage amateur de la LNH de 2012

Première équipe de la LNH et saison : Sharks de San Jose, 2013-2014

Né le 12 novembre 1993 à Prague (République tchèque)

Position : joueur de centre

Tir : de la gauche

Taille : 1,88 m

Poids : 95 kg

ERIK KARLSSON

Erik Karlsson a connu le succès grâce aux qualités habituelles des bons joueurs : le talent, l'engagement et le travail acharné. Mais l'équipe qui l'a réclamé au repêchage amateur est une autre raison essentielle de sa réussite. Les Sénateurs d'Ottawa en ont surpris plusieurs lorsqu'ils ont choisi le petit défenseur suédois relativement peu connu.

« Avec le recul, disons que nous avons décelé un petit corps, mais un immense talent », d'affirmer quelques années plus tard le directeur général des Sénateurs, Bryan Murray.

« Pour connaître le succès, on doit avoir confiance en soi. C'est en jouant avec confiance que l'on joue le mieux. »

La journée du repêchage, Erik mesurait 1,80 m et pesait 75 kg. Le gabarit moyen d'un défenseur de la LNH est d'environ 1,88 m et 95 kg. Ce qu'Erik concède sur le plan physique est largement compensé par une rapidité exceptionnelle et des talents offensifs hors du commun. La question était de savoir si cela suffirait.

À ses débuts, on pouvait en douter. Erik a éprouvé beaucoup de difficultés durant ses deux premières saisons dans la LNH, plus particulièrement pendant sa deuxième saison alors que l'équipe n'allait nulle part et qu'il a présenté un piètre moins 30 dans la colonne des plus et des moins. Mais les Sénateurs n'ont pas perdu confiance en Erik. Il a grandi de 3 cm, a pris quelques kilos et est devenu plus fort et plus en mesure de rivaliser physiquement avec les gros attaquants de la LNH. L'ardeur au travail d'Erik et la patience des Sénateurs ont porté leurs fruits si bien qu'à sa troisième saison, Erik a dominé tous les défenseurs dans la colonne des points et a mis la main sur le trophée Norris attribué au meilleur défenseur du circuit.

La saison dernière, Erik a de nouveau été le meilleur marqueur parmi les défenseurs de la LNH. Il a aussi brillé aux Jeux olympiques en étant proclamé le meilleur défenseur en plus d'être choisi au sein de l'équipe d'étoiles.

« Les Sénateurs ont bien fait de se montrer patients et de ne pas chercher à changer ma façon de jouer, a dit Erik, la saison dernière. J'ai la chance de jouer pour une équipe qui m'a permis de me développer à mon rythme. »

LE SAVAIS-TU?

À sa première saison dans la LNH, Erik demeurait chez son coéquipier Daniel Alfredsson, une légende du hockey en Suède. Les deux sont devenus de bons amis et selon Erik, Daniel lui a appris à agir en professionnel sur la patinoire comme en dehors.

SOUVENIR

Erik a porté les couleurs de la Suède aux Mondiaux juniors de 2009 à Ottawa. Jouer dans un amphithéâtre bondé de spectateurs lui a donné une idée de ce qui l'attendait chez les professionnels.

Statistiques 2013-2014

MJ	B	A	PTS	PUN
82	20	54	74	36

Premier choix des Sénateurs d'Ottawa, 15e au total, au repêchage amateur de la LNH de 2008

Première équipe de la LNH et saison : Sénateurs d'Ottawa, 2009-2010

Né le 31 mai 1990 à Landsbro (Suède)

Position : défenseur

Tir : de la droite

Taille : 1,83 m

Poids : 81,5 kg

DUNCAN KEITH

Les meilleurs athlètes sont rarement, voire même jamais, satisfaits. En 2009-2010, Duncan Keith a remporté une médaille d'or avec le Canada aux Jeux olympiques et la Coupe Stanley avec les Blackhawks de Chicago, avant de recevoir le trophée Norris remis au meilleur défenseur de la LNH. Quand on lui a demandé comment il pourrait faire encore mieux, il a tout de suite répondu : « Gagner et gagner encore. Gagner une autre Coupe et une autre médaille. Un professionnel veut toujours s'améliorer, en faire encore plus. »

« Faire partie de la LNH est un privilège et pour y demeurer vous devez être discipliné et savoir vous comporter correctement. »

Bien que les Blackhawks n'aient pas remporté la Coupe Stanley la saison dernière, Duncan a atteint deux de ses trois buts : gagner une autre médaille d'or aux Jeux olympiques pour le Canada et obtenir le trophée Norris pour le meilleur défenseur de la LNH. Il a compilé une fiche de 6 buts, 55 aides pour 61 points, et il ne donne pas le moindre signe de ralentissement à l'aube de sa 10e saison, ce qui en fait le joueur ayant le plus d'années de service dans l'équipe.

Aussi étrange que cela puisse paraître, l'un des meilleurs défenseurs de la LNH était un attaquant à ses débuts dans le hockey. Duncan avait dix ans lorsque son entraîneur au hockey mineur a décidé de l'utiliser comme défenseur. Que ce soit à l'avant ou en défense, Duncan n'a jamais cessé de rêver d'atteindre la LNH. Après avoir été réclamé au deuxième tour du repêchage amateur de 2002, Duncan a dû patienter trois autres années – une saison chez les juniors et deux dans les ligues mineures – avant de disputer son premier match dans la LNH, le 5 octobre 2005 contre les Ducks d'Anaheim.

« Certains ont peut-être douté de moi au début de ma carrière en raison de ma taille. Ils me croyaient trop petit. Ça m'a tracassé un peu, mais chacun a le droit d'avoir son opinion et il vaut mieux ne pas trop s'en préoccuper. »

Cette façon de voir les choses a fonctionné avec Duncan. Personne ne doute maintenant qu'il est l'un des meilleurs.

LE SAVAIS-TU?

Keith a reçu une rondelle dans la bouche lors du quatrième match de la finale de l'Ouest contre les Sharks de San Jose en 2010. Il a perdu sept dents, mais il était de retour sur la patinoire quelques minutes plus tard.

SOUVENIR

Outre les honneurs, les championnats et les trophées, ses souvenirs les plus chers sont ceux où sa mère, une aide-infirmière, le conduisait à ses entraînements tôt le matin, le regardait jouer quelques minutes, puis s'en allait travailler.

Statistiques 2013-2014

MJ	B	A	PTS	PUN
79	6	55	61	28

Huitième choix des Blackhawks de Chicago, 54e au total, au repêchage
amateur de la LNH de 2002

Première équipe de la LNH et saison : Blackhawks de Chicago, 2005-2006

Né le 16 juillet 1983 à Winnipeg (Manitoba)

Position : défenseur

Tir : de la gauche

Taille : 1,85 m

Poids : 90,5 kg

PHIL KESSEL

Malgré les hauts et les bas des Maple Leafs de Toronto, leur meilleur joueur a continué à faire ce qu'il est censé faire : marquer des buts. Les Leafs ont obtenu Phil Kessel avant le début de la saison 2009-2010. Ils ont échangé deux choix de première ronde et un choix de deuxième tour aux Bruins de Boston en retour d'un joueur destiné à devenir leur meneur en attaque pour les années à venir. En cinq saisons avec les Leafs, Phil Kessel a dépassé toutes les attentes : il a mené l'équipe chez les marqueurs à chacune de ces saisons, dont la saison dernière avec 80 points.

Phil s'exprime surtout sur la patinoire. En entrevue, il préfère parler du rendement de l'équipe plutôt que de son jeu.

« C'est un sport d'équipe. Un joueur a du succès seulement si ses coéquipiers en ont aussi », affirme-t-il.

Phil possède cette faculté de rendre meilleurs ceux qui l'entourent. Ses coéquipiers Tyler Bozak et James van Riemsdyk ont tous deux connu leur meilleure saison en jouant à ses côtés.

« Il est notre meilleur joueur et il nous incite à jouer avec encore plus d'ardeur », a confié Tyler Bozak aux journalistes après un match la saison dernière.

« C'est le joueur que j'aime le plus regarder jouer, parce que c'est mon frère, mais aussi parce qu'il est impressionnant. Beaucoup de gens trouvent que nous nous ressemblons sur la patinoire. »
— Amanda Kessel, à propos de son frère et de leurs styles de jeu similaires

---

Phil vient d'une grande famille de hockey. Sa sœur, Amanda, est une vedette de l'équipe nationale féminine des États-Unis et son frère, Blake, évolue dans les ligues mineures. Phil et Amanda ont représenté les États-Unis aux Jeux olympiques d'hiver de 2014 et tous deux devraient être des joueurs clés pendant longtemps au sein de leur équipe nationale respective.

Que ce soit avec le chandail des Maple Leafs de Toronto ou le chandail bleu blanc rouge des États-Unis sur le dos, Phil Kessel va continuer à faire ce qu'il fait de mieux : marquer des buts.

LE SAVAIS-TU?
Phil a passé deux ans dans le prestigieux programme de développement de l'équipe nationale des États-Unis à Ann Arbour, au Michigan. Il demeure le meilleur pointeur de l'histoire du programme avec 102 buts et 180 points en deux saisons.

SOUVENIR
Lors des fêtes de Noël, un match de hockey était organisé sur une patinoire extérieure avec de la parenté et des amis au cours duquel, semble-t-il, les trois enfants Kessel n'avaient pas le droit de jouer dans la même équipe.

Statistiques 2013-2014

MJ	B	A	PTS	PUN
82	37	43	80	27

Premier choix des Bruins de Boston, 5e au total, au repêchage amateur de la LNH de 2006

Première équipe de la LNH et saison : Bruins de Boston, 2006-2007

Né le 2 octobre 1987 à Madison (Wisconsin)

Position : ailier droit

Tir : de la droite

Taille : 1,83 m

Poids : 91,5 kg

NATHAN MacKINNON

Il n'est pas rare de trouver les mots « grandes attentes » et le nom « Nathan MacKinnon » dans la même phrase, et ce, depuis plusieurs années. Dans la catégorie atome, Nathan a récolté 200 points dans une saison de 50 matchs! C'était un joueur vedette chez les bantams AAA même s'il jouait contre des garçons deux ou trois ans plus vieux que lui. Nathan a été un premier choix dans la Ligue de hockey junior majeur du Québec et a conduit les Mooseheads de Halifax à la conquête de la Coupe Memorial. Pour couronner le tout, il a été proclamé le joueur le plus utile à son équipe, avant de devenir, quelques semaines plus tard, le premier choix au total au repêchage amateur de la LNH. Nombreux sont ceux qui avaient prévu un tel scénario.

« Il était différent. Son coup de patin m'avait sauté aux yeux, a dit Joel Greenwood, son entraîneur lorsqu'il avait 11 ans, avant le repêchage de 2013. Il était passionné, il voulait apprendre et devenir un joueur complet. »

Cette belle attitude et cette envie d'apprendre ne se sont pas estompées l'an dernier lors de la première saison de Nathan dans la LNH. Son talent naturel et son éthique de travail ont capté l'attention des partisans de l'Avalanche et surtout de l'entraîneur Patrick Roy qui n'a pas hésité à l'utiliser dans des situations critiques.

« J'ai voulu ouvrir son jeu parce qu'il jouait bien, a dit Patrick Roy. Nous voulions aussi que cette première saison lui donne confiance et l'aide à peaufiner toutes les facettes de son jeu. Nous voulions qu'il apprenne à bien jouer sans la rondelle. Afin qu'il joue avec confiance, je l'ai utilisé dans différentes situations de jeu. »

« J'apprends à chaque match. Je comprends ce que je dois faire pour réaliser de bons matchs à ce niveau. »

Nathan s'est adapté à la plupart des situations et a continué de s'améliorer. Il a terminé en haut du classement des meilleurs pointeurs chez les recrues de la LNH et a remporté le trophée Calder de la recrue par excellence. Il a également participé au championnat du monde avec le Canada et il s'est très bien comporté pour sa première compétition internationale. Toujours plus loin et plus haut pour Nathan cette saison!

LE SAVAIS-TU?

Nathan a été élevé dans une maison située à cinq minutes de l'endroit où Sidney Crosby a grandi à Cole Harbour, en Nouvelle-Écosse. Nathan a aussi fréquenté la même école privée que Crosby : la Shattuck-St. Mary School à Faribault, au Minnesota.

SOUVENIR

Nathan a trouvé ça « vraiment super » lorsque son nom a été prononcé en premier par le directeur général du Colorado, Joe Sakic, au repêchage de la LNH de 2013. À la prise de la photo, il a réalisé qu'il se trouvait entre deux membres du Temple de la renommée du hockey – Sakic et l'entraîneur, Patrick Roy.

MJ	B	A	PTS	PUN
82	24	39	63	26

Premier choix de l'Avalanche du Colorado, premier au total, au repêchage amateur de la LNH de 2013

Première équipe de la LNH et saison : Avalanche du Colorado, 2013-2014

Né le 1er septembre 1995 à Halifax (Nouvelle-Écosse)

Position : joueur de centre

Tir : de la droite

Taille : 1,83 m

Poids : 82,5 kg

PATRICK MARLEAU

En 1997, Patrick Marleau a été le plus jeune joueur réclamé à la séance de repêchage. Il porte le chandail des Sharks de San Jose depuis 16 ans, ce qui fait de lui le meneur dans l'histoire de l'équipe pour les matchs joués, les buts et les mentions d'aide. Il n'était donc pas surprenant, en janvier dernier, que les Sharks lui accordent une prolongation de contrat de trois ans, tout comme ils l'ont fait pour son bon ami Joe Thornton.

« Au hockey, il ne faut jamais rien tenir pour acquis. Au moment où tu penses que tout va bien, le hockey te réserve parfois de mauvaises surprises. Il faut toujours se tenir prêt. »

« Patrick et Joe continuent de jouer à un haut niveau et plus important encore, les autres joueurs autour d'eux deviennent meilleurs », a déclaré le directeur général Doug Wilson à la signature des contrats.

Patrick est l'un des rares athlètes professionnels, tous sports confondus, à connaître une carrière de plus de 15 ans avec une seule et même équipe. À l'occasion de son 1000e match avec les Sharks, il y a quelques années, on a demandé à Patrick ce qu'il pensait de sa longévité au sein de cette équipe.

« Tu n'y penses pas réellement, puis lorsque ça se produit, les gens en font tout un plat. Mais en t'y arrêtant, tu réalises qu'il n'a pas été facile de te rendre jusque-là et que tu as eu besoin du soutien de tes amis, de ta famille et de l'organisation. C'est là que tu te rends compte que c'est spécial. »

Quand on voit ce qu'il a accompli la saison dernière, on se dit que Patrick Marleau est toujours au sommet de sa forme. San Jose a perdu en sept matchs en première ronde des séries éliminatoires contre les grands rivaux, les Kings de Los Angeles. Patrick a joué en attaque et au centre et a terminé meilleur pointeur de son équipe dans la série avec 7 points (3 buts et 4 mentions d'aide). Il a été le troisième meilleur marqueur de son équipe de la saison régulière.

En plus de jouer avec les Sharks, Patrick a également participé pour la deuxième fois aux Jeux olympiques et a largement contribué à la conquête de la médaille d'or du Canada. Il a commencé sa 17e saison avec les Sharks au sommet de sa forme.

LE SAVAIS-TU?

Patrick a entrepris la saison 2012-2013 avec quatre matchs consécutifs de plus d'un but. Le seul autre exploit du genre dans l'histoire de la LNH remonte à la saison 1917-1918.

SOUVENIR

Patrick considère la conquête de la médaille d'or par le Canada aux Jeux olympiques d'hiver de Vancouver en 2010 comme le moment le plus mémorable de sa carrière.

MJ	B	A	PTS	PUN
82	33	37	70	18

Premier choix des Sharks de San Jose, 2e au total, au repêchage amateur de la LNH de 1997

Première équipe de la LNH et saison : Sharks de San Jose, 1997-1998

Né le 15 septembre 1979 à Aneroid (Saskatchewan)

Position : ailier gauche

Tir : de la gauche

Taille : 1,88 m

Poids : 100 kg

T.J. Oshie

On ne devient pas du jour au lendemain un joueur de haut niveau dans la LNH. Ce n'est pas parce qu'un joueur endosse pour la première fois un chandail de la LNH qu'il cesse de se développer. Parfois, un joueur a besoin de se renforcer physiquement et même de devoir modifier sa façon de jouer, par exemple, apprendre à devenir un joueur complet plutôt qu'un simple marqueur. T.J. Oshie est le premier à admettre qu'il a dû travailler plus fort que jamais depuis son arrivée chez les Blues de St. Louis.

« J'ai toujours considéré le hockey comme un jeu, déclare T.J. Peut-être que je me suis trop fié à mon habileté. Mais à mon arrivée ici, j'ai vite constaté que mon seul talent ne suffisait pas. J'ai appris à étudier les différentes facettes du jeu. »

T.J. n'a jamais été perçu uniquement comme un marqueur. Il vient de connaître sa première saison de plus de 20 buts chez les professionnels. Il préconise un style de jeu complet. Il frappe plus fort que la plupart des joueurs et est devenu un habile passeur et fabricant de jeu. La saison dernière a été sa meilleure dans la LNH. Il a atteint des sommets personnels avec 39 mentions d'aide et 60 points. La qualité de son jeu lui a valu une place au sein de l'équipe olympique des États-Unis et il a bien joué avec et contre les meilleurs au monde, particulièrement lors de la victoire en fusillade contre la Russie. T.J. a été appelé à effectuer six des huit tirs des Américains : il a marqué quatre fois, dont le but de la victoire.

> **« Jouer aux Jeux olympiques m'a procuré un sentiment indescriptible. C'était l'événement le plus important au monde pour moi et pour ma famille. C'était la récompense pour tous les efforts que j'ai faits dans ma vie. »**

« C'est réellement un joueur talentueux dans les deux sens de la patinoire, a dit le directeur général des Blues, Doug Armstrong. Il fait plus qu'accumuler des points. Il excelle en désavantage numérique et il dégage une énergie positive sur la patinoire et dans le vestiaire. Il est devenu un leader. »

À la lumière des dernières saisons, T.J. n'a pas fini de s'améliorer. Meilleur il sera et meilleures seront les chances des Blues d'aspirer aux grands honneurs.

LE SAVAIS-TU?

T.J. vient d'une famille de joueurs de hockey : ses cousins Gary Sargent et Henry Boucha ont tous deux joué dans la LNH.

SOUVENIR

Le jour où T.J. a été repêché, il était en compagnie de son meilleur ami. Il ne prêtait pas vraiment attention au premier tour de repêchage ne pensant jamais être choisi aussi tôt. Mais quand il a reçu le coup de fil, il raconte : « Je n'ai pas compris un seul mot. Nous criions de joie tous les deux! ».

Statistiques 2013-2014

MJ	B	A	PTS	PUN
79	21	39	60	42

Premier choix des Blues de St. Louis, 24e au total, au repêchage amateur de la LNH de 2005

Première équipe de la LNH et saison : Blues de St. Louis, 2008-2009

Né le 23 décembre 1986 à Everett (Washington)

Position : ailier droit

Tir : de la droite

Taille : 1,80 m

Poids : 85,5 kg

ALEX OVECHKIN

S'il est la figure dominante des Capitals de Washington, Alex Ovechkin l'était tout autant pour des millions d'amateurs de hockey russes lorsqu'il a endossé le chandail de l'équipe nationale de son pays à Sotchi en 2014. Le hockey est un sport extrêmement populaire en Russie et les amateurs attendaient depuis des années l'occasion de voir les meilleurs joueurs du pays remporter une médaille d'or olympique sous leurs yeux. Malheureusement, les Russes ont baissé pavillon devant la Finlande en quarts de finale, si bien que les espoirs d'une médaille d'or, ou de n'importe quelle couleur, se sont envolés. Alex a été le premier à admettre que ni lui ni son équipe n'avaient répondu aux attentes.

> **« Personne ne me demande jamais de leur passer la rondelle. Mon travail est de marquer des buts et si je ne tire pas au filet, je ne peux pas marquer. »**

« Je tiens tout d'abord à dire que je suis désolé pour les partisans, a dit Alex quelques jours après les Jeux. La chance de représenter son pays aux Olympiques ne se présente parfois qu'une seule fois dans une vie et lorsqu'on échoue dans la conquête d'une médaille, les partisans, les médias et la population en général sont déçus. Mais la vie continue. »

On oublie parfois trop facilement qu'une supervedette de hockey est avant tout une personne. Pendant qu'Alex prenait part aux Jeux, son père a subi une intervention chirurgicale au cœur. Alex n'en a été informé qu'après que la Russie ait été écartée de la course aux médailles. Sa famille, y compris son père, ne voulait pas qu'il soit préoccupé pendant les Jeux.

« Aussitôt que j'ai appris qu'il était hospitalisé et que ça n'allait pas trop bien, j'ai oublié le match contre la Finlande et je me suis rendu à l'hôpital. J'étais heureux de voir qu'il allait mieux. C'était la chose la plus importante à mes yeux. »

Malgré les difficultés de l'équipe olympique russe et les problèmes de santé de son père, Alex s'est remis au travail pour confirmer qu'il était l'un des plus grands joueurs offensifs de la LNH en remportant pour la quatrième fois le trophée Maurice Richard remis au joueur qui a marqué le plus de buts en saison régulière. Il faisait bon revoir la figure dominante des Capitals de Washington afficher son plus beau sourire.

LE SAVAIS-TU?
Le 20 décembre 2013, Alex a compté le 400e but de sa carrière dans la LNH. Il a atteint le plateau en 634 matchs – un match de moins que la « fusée russe » Pavel Bure.

SOUVENIR
Alex raconte s'être rendu, tout jeune, dans une boutique de jouets avec ses parents. Il a repéré un bâton de hockey miniature, s'en est emparé et n'a plus jamais voulu le lâcher. Le reste fait partie de l'histoire...

MJ	B	A	PTS	PUN
78	51	28	79	48

Premier choix des Capitals de Washington, 1er au total, au repêchage amateur de la LNH de 2004

Première équipe de la LNH et saison : Capitals de Washington, 2005-2006

Né le 17 septembre 1985 à Moscou (Russie)

Position : ailier droit

Tir : de la droite

Taille : 1,90 m

Poids : 104,5 kg

TUUKKA RASK

Les joueurs de hockey professionnels sont coriaces. Confrontés à un moment difficile, la plupart réagissent de façon positive. Après être devenu gardien de but numéro un dans la meilleure ligue de Finlande, puis dans la Ligue américaine et, finalement, dans la LNH, Tuukka Rask s'est retrouvé sur le banc en qualité de gardien réserviste des Bruins de Boston. Après une saison 2009-2010 digne d'un numéro un avec 22 victoires et une spectaculaire moyenne de buts alloués de 1,97, Tuukka a connu sa part d'ennuis, si bien que le vétéran Tim Thomas en a profité pour lui ravir son poste. Au cours des deux saisons suivantes, Rask a passé plus de temps sur le banc que devant le filet.

« Lorsque j'y réfléchis maintenant, je me dis que pour aller de l'avant, parfois, il est nécessaire de prendre un peu de recul, affirme Tuukka. Pendant ces deux saisons, j'ai beaucoup appris en regardant jouer l'autre gardien. »

La carrière de Rask a pris une nouvelle tournure après la saison 2011-2012 lorsque Thomas a senti le besoin de prendre un temps d'arrêt. Tuukka n'a pas raté l'occasion de prouver qu'il méritait de redevenir le numéro un.

« Je me souviens que plusieurs ont douté que je pouvais tenir le fort pendant toute une saison », a-t-il déclaré.

> « Je préfère ne pas parler de moi ou de mon jeu. Je laisse ça aux autres, si ça leur plaît. Je n'aime pas me lancer des fleurs. »

Il a même fait davantage. Il a été l'un des meilleurs gardiens de but pendant la saison écourtée par la grève en 2012-2013 en plus d'aider les Bruins à atteindre la finale de la Coupe Stanley. Tuukka a été encore meilleur la saison dernière avec un sommet personnel de 36 victoires, une participation aux Jeux olympiques avec la Finlande et son soutien aux Bruins qui leur a permis d'atteindre la deuxième ronde éliminatoire, dans une série de sept matchs qu'ils ont perdu contre Montréal. De plus, le trophée Vézina, décerné au meilleur gardien de but de la LNH, a couronné cette belle saison.

Même si le gardien de but de 27 ans a vécu quelques périodes creuses, ces moments difficiles l'ont rendu meilleur. À l'heure actuelle, il figure parmi les grands.

LE SAVAIS-TU?

Tuukka est l'un des deux seuls gardiens de but de l'histoire des séries éliminatoires de la LNH à avoir obtenu une mention d'aide sur un but victorieux en prolongation. Il a été crédité d'une aide sur un but décisif de Miroslav Satan en quarts de finale de l'Est en 2010.

SOUVENIR

Tuukka possède une bague de la Coupe Stanley depuis 2011. Il l'a obtenue en tant que réserviste de Tim Thomas. Mais il garde de meilleurs souvenirs des séries de 2013, même si les Bruins ont perdu, car il était devant le filet au cours des 22 matchs d'après saison.

Statistiques 2013-2014

MJ	V	D	DPF	MBA	BL
58	36	15	6	2,04	7

Premier choix des Maple Leafs de Toronto, 21e au total, au repêchage amateur de la LNH de 2005

Première équipe de la LNH et saison : Bruins de Boston, 2007-2008

Né le 10 mars 1987 à Savonlinna (Finlande)

Position : gardien de but

Attrape : de la gauche

Taille : 1,88 m

Poids : 84 kg

P.K. Subban

Lorsque vous observez votre joueur favori vivre son rêve de jouer dans la LNH, n'oubliez pas que des parents réalisent aussi leur rêve en regardant jouer leur fils. La saison dernière, pendant le voyage annuel père/fils du Canadien de Montréal, le père de P.K. Subban, Karl, a traduit les sentiments de plusieurs parents de joueurs de hockey : « Je sais que mon fils réalise son rêve de jouer dans la LNH, mais les gens oublient que les pères aussi ont des rêves. »

« Personne ne pense qu'à être récompensé comme étant le meilleur. On se concentre plutôt à essayer de faire de notre mieux chaque jour. »

Le rêve s'est vite réalisé pour P.K., sa famille et les partisans de l'équipe au cours des dernières saisons. Lors de son année recrue, 2010-2011, il a été le meilleur marqueur parmi les défenseurs du Canadien. Il a répété l'exploit à sa deuxième saison, puis, pour sa troisième année chez les professionnels, il a reçu le trophée James Norris remis au meilleur défenseur de la LNH. Il devenait le sixième joueur de l'histoire du Canadien à remporter ce trophée,

mais cela faisait 24 ans qu'un joueur de Montréal n'avait pas réalisé une telle performance. Le dernier en date était Chris Chelios, membre du Temple de la renommée du hockey.

« Je suis né l'année où Chris a gagné le trophée Norris, a dit P.K. C'est tout un honneur que de devenir le sixième défenseur de l'histoire du Canadien à le gagner. »

La saison dernière, P.K. a également eu l'honneur de faire partie de l'équipe canadienne qui a ravi la médaille d'or aux Jeux olympiques d'hiver. Bien que titulaire du trophée Norris, P.K. a peu joué pendant le tournoi, mais la situation ne l'a pas dérangé du tout. Il a fait ce qu'on lui a demandé et ses coéquipiers et lui-même ont reçu des éloges pour leur engagement et leur ardeur au travail.

Jusqu'à présent P.K. a joué pour l'équipe dont son père et lui étaient les partisans quand il était petit, ce qui rend sa carrière avec le Canadien encore plus géniale.

« Ce qui est spécial, c'est que quand mon père est venu au Canada, il est devenu un partisan du Canadien, alors j'ai grandi en regardant jouer cette équipe. »

LE SAVAIS-TU?
Les parents de P.K. viennent de deux pays où le hockey est loin d'être populaire. Son père, Karl, vient de la Jamaïque, et sa mère, Maria, est originaire de Montserrat.

SOUVENIR
Dans sa jeunesse, P.K. et son père passaient de nombreuses heures le soir à jouer au hockey sur la patinoire extérieure aménagée devant l'hôtel de ville de Toronto. Ils terminaient la soirée avec une pointe de pizza avant de rentrer à la maison et d'aller au lit.

MJ	B	A	PTS	PUN
82	10	43	53	81

Troisième choix du Canadien de Montréal, 43e au total, au repêchage amateur de la LNH de 2007

Première équipe de la LNH et saison : Canadien de Montréal, 2010-2011

Né le 13 mai 1989 à Toronto (Ontario)

Position : défenseur

Tir : de la droite

Taille : 1,83 m

Poids : 93,5 kg

JOHN TAVARES

Tout allait si bien jusqu'à ce que l'excellente saison de John Tavares prenne fin de façon abrupte. Le joueur étoile des Islanders a subi une blessure à un genou et il a dû mettre un terme à sa saison pendant qu'il représentait le Canada aux Jeux olympiques. Certains ont émis l'opinion que le risque d'une telle blessure est la raison pour laquelle les joueurs de la LNH ne devraient pas participer aux Jeux olympiques. John ne partage pas cet avis.

« En tant que joueur, il est important que nous participions aux Jeux, a-t-il dit après son retour chez lui. Le risque de blessure existe chaque fois que nous rentrons sur la patinoire. Avoir contribué à la conquête de la médaille d'or constitue l'un des plus beaux accomplissements de ma carrière. »

Les Islanders ont démontré que leur jeune supervedette était la pierre angulaire de l'équipe. Lorsqu'ils l'ont nommé capitaine avant le début de la saison dernière, John Tavares s'est empressé de faire ce en quoi il excelle : récolter des points. Avant d'être blessé, John s'acheminait vers sa meilleure saison dans la LNH. Meneur chez les Islanders, il était au troisième rang des marqueurs de la ligue avec 24 buts et 42 mentions d'aide pour 66 points.

« Il donne le ton à notre équipe, déclare l'entraîneur des Islanders, Jack Capuano. Je le compare à plusieurs des meilleurs joueurs de la ligue. Comment ne pas le mettre dans la même catégorie qu'un Crosby ou un Ovechkin? Il représente tout ce que sont les Islanders. »

> **« Nous formons un bon groupe de joueurs et nous atteindrons nos objectifs uniquement si nous travaillons fort et comptons les uns sur les autres. »**

John a toujours été reconnu pour ses talents offensifs. Chez les juniors, il a connu 3 saisons consécutives de plus de 100 points. Mais il a dû améliorer sa défense et son coup de patin.

« Pour jouer chez les professionnels et vous élever au niveau des meilleurs de la ligue, vous devez exceller dans toutes les facettes du jeu, affirme John. J'ai fait beaucoup d'efforts pour m'améliorer sans la rondelle. »

Avec un John Tavares rétabli et motivé au sein de leur alignement, les Islanders et leurs partisans peuvent s'attendre à de belles choses la saison prochaine.

LE SAVAIS-TU?

John était considéré comme un joueur exceptionnel à tel point qu'une équipe junior a été autorisée à le réclamer au repêchage à l'âge de 15 ans. Cette année-là, il a été proclamé recrue de l'année de la Ligue junior de l'Ontario.

SOUVENIR

John se souvient qu'il avait trois ans lorsque son père lui a appris à patiner. Et il se souvient que sa mère le conduisait « partout pour que je puisse jouer. »

Statistiques 2013-2014

MJ	B	A	PTS	PUN
59	24	42	66	40

Premier choix des Islanders de New York, 1er au total, au repêchage amateur de la LNH de 2009

Première équipe de la LNH et saison : Islanders de New York, 2009-2010

Né le 20 septembre 1990 à Mississauga (Ontario)

Position : centre

Tir : de la gauche

Taille : 1,85 m

Poids : 93 kg

JONATHAN TOEWS

Après sept saisons dans la LNH, Jonathan Toews continue de s'améliorer et d'impressionner. Deux saisons ont été écourtées, une en raison de symptômes de commotion cérébrale, et l'autre à cause du lock-out de la LNH, mais il a repris la forme la saison dernière en terminant avec 68 points. C'est son plus haut total de points depuis la saison 2010-2011. Jonathan a réalisé cette performance, et même plus, tout en assumant son rôle de capitaine des Blackhawks de Chicago.

« Être capitaine, porter le C sur son chandail, c'est beaucoup de responsabilités, affirme Jonathan. Vous recevez des louanges lorsque l'équipe va bien. Mais lorsque les choses vont moins bien, vous devez accepter les responsabilités en tant que capitaine et pouvoir répondre aux questions »

Jonathan a été nommé capitaine de son équipe le 17 février 2008. Quelques mois avant son 20e anniversaire, il devenait le plus jeune capitaine de l'histoire des Blackhawks. Par sa maturité, son intensité et son sérieux, Jonathan a fait taire ceux qui le trouvaient trop jeune pour de telles responsabilités.

« J'ai toujours pensé qu'il prenait davantage conscience de son rôle d'une année à l'autre, a dit l'entraîneur Joel Quenneville. Nous lui avons toujours dit de ne rien changer, de se contenter de jouer au hockey et que tout irait bien. »

> « Par notre façon de travailler ensemble, nous formions une formidable équipe à regarder jouer. Nous ne leur avons laissé aucune chance. Nous nous sommes bien amusés. »
> — Jonathan à propos de la conquête de la médaille d'or olympique du Canada aux dépens de la Suède

En plus de ses deux coupes Stanley, Jonathan compte aussi deux médailles d'or olympiques avec le Canada – en 2010 et 2014 – et une médaille d'or au Championnat mondial de 2007. Ces trois championnats font de lui un membre de l'un des clubs les plus fermés du hockey, le « club triple or ». Seulement 24 autres joueurs figurent dans ce club vraiment spécial.

LE SAVAIS-TU?

Même si le trophée Calder de la recrue par excellence en 2008 est allé à son bon ami et coéquipier Patrick Kane, Toews a fait mieux que toutes les autres recrues avec 24 buts.

SOUVENIR

L'un des premiers souvenirs de Jonathan remonte à l'âge de deux ans lorsqu'il a reçu pour Noël sa première paire de patins.

Statistiques 2013-2014

MJ	B	A	PTS	PUN
76	28	40	68	34

Premier choix des Blackhawks de Chicago, 3e au total, au repêchage amateur de la LNH de 2006

Première équipe de la LNH et saison : Blackhawks de Chicago, 2007-2008

Né le 29 avril 1988 à Winnipeg (Manitoba)

Position : joueur de centre

Tir : de la gauche

Taille : 1,88 m

Poids : 94,5 kg

SIGNAUX DE L'ARBITRE

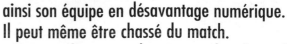

Sais-tu ce qui se passe lorsque l'arbitre arrête le jeu ou annonce une punition? Si tu ne le sais pas, tu manques une partie importante du match.

L'arbitre peut infliger des punitions plus ou moins sévères. Un joueur peut, par exemple, écoper d'une pénalité de deux minutes, mettant ainsi son équipe en désavantage numérique. Il peut même être chassé du match.

Voici quelques-uns des signaux les plus utilisés par l'arbitre. Maintenant, tu sauras quelles sont les punitions infligées à ton équipe!

Double échec
Frapper un adversaire avec le bâton tenu des deux mains, les bras étendus.

Charge contre la bande
Violente mise en échec d'un adversaire contre la bande.

Assaut
Violente mise en échec d'un adversaire en fonçant sur lui.

Coup de coude
Charger un adversaire avec le coude.

Bâton élevé
Frapper un adversaire avec le bâton tenu au-dessus de l'épaule.

Retenue
Retenir un adversaire avec les mains ou les bras.

Accrochage
Utiliser la lame du bâton pour retenir un adversaire.

Dégagement refusé
Envoyer la rondelle de son propre territoire jusque derrière la ligne de but du territoire adverse. Ne s'applique que si un adversaire touche la rondelle le premier.

Obstruction
Retenir un adversaire qui n'est pas en possession de la rondelle.

Coup de genou
Se servir du genou pour retenir un adversaire.

Inconduite
Pénalité de 10 minutes (durée la plus longue). Habituellement en raison d'une conduite abusive envers un officiel.

Rudesse
Bousculer ou frapper un adversaire.

SIGNAUX DE L'ARBITRE

Cinglage
Se servir du bâton pour frapper un adversaire.

Dardage
Donner un coup à un adversaire avec la lame du bâton.

Arrêt de jeu retardé
L'officiel attend avant de donner un coup de sifflet en cas de hors-jeu ou de pénalité. Se produit lorsque l'équipe adverse est en possession de la rondelle.

Faire trébucher
Faire trébucher un adversaire avec le bâton, la main ou le pied.

Conduite antisportive
Agir de façon antisportive envers un adversaire (en le mordant ou en lui tirant les cheveux, par exemple).

But refusé
Le but qui vient d'être marqué est refusé.

CLASSEMENT FINAL 2013-2014

ASSOCIATION DE L'EST

Division Atlantique

Équipe	MJ	MG	MP	P	PTS
BOSTON	82	54	19	9	117
TAMPA BAY	82	46	27	9	101
MONTRÉAL	82	46	28	8	100
DETROIT	82	39	28	15	93
OTTAWA	82	37	31	14	88
TORONTO	82	38	36	8	84
FLORIDE	82	29	45	8	66
BUFFALO	82	21	51	10	52

Division Métropolitaine

Équipe	MJ	MG	MP	P	PTS
PITTSBURGH	82	51	24	7	109
NY RANGERS	82	45	31	6	96
PHILADELPHIE	82	42	30	10	94
COLUMBUS	82	43	32	7	93
WASHINGTON	82	38	30	14	90
NEW JERSEY	82	35	29	18	88
CAROLINE	82	36	35	11	83
NY ISLANDERS	82	34	37	11	79

ASSOCIATION DE L'OUEST

Division Pacifique

Équipe	MJ	MG	MP	P	PTS
ANAHEIM	82	54	20	8	116
SAN JOSE	82	51	22	9	111
LOS ANGELES	82	46	28	8	100
PHOENIX	82	37	30	15	89
VANCOUVER	82	36	35	11	83
CALGARY	82	35	40	7	77
EDMONTON	82	29	44	9	67

Division Centrale

Équipe	MJ	MG	MP	P	PTS
COLORADO	82	52	22	8	112
ST. LOUIS	82	52	23	7	111
CHICAGO	82	46	21	15	107
MINNESOTA	82	43	27	12	98
DALLAS	82	40	31	11	91
NASHVILLE	82	38	32	12	88
WINNIPEG	82	37	35	10	84

MJ = matchs joués; MG = matchs gagnés; MP = matchs perdus; P= prolongation; PTS = points

Les 10 premiers, pour les points 2013-2014

	JOUEUR	ÉQUIPE	MJ	B	A	PTS	T	%
1	SIDNEY CROSBY	PITTSBURGH	80	36	68	104	259	13,9
2	RYAN GETZLAF	ANAHEIM	77	31	56	87	204	15,2
3	CLAUDE GIROUX	PHILADELPHIE	82	28	58	86	223	12,6
4	TYLER SEGUIN	DALLAS	80	37	47	84	294	12,6
5	COREY PERRY	ANAHEIM	81	43	39	82	280	15,4
6	PHIL KESSEL	TORONTO	82	37	43	80	305	12,1
7	TAYLOR HALL	EDMONTON	75	27	53	80	250	10,8
8	ALEX OVECHKIN	WASHINGTON	78	51	28	79	386	13,2
9	JOE PAVELSKI	SAN JOSE	82	41	38	79	225	18,2
10	JAMIE BENN	DALLAS	81	34	45	79	279	12,2

MJ = matchs joués; B = buts; A = aides;
PTS = points; T = tirs; % = moyenne

Les 10 premiers gardiens de but 2013-2014

	JOUEUR	ÉQUIPE	MJ	MG	MP	DPF	% A	BA	MBA
1	SEMYON VARLAMOV	COLORADO	63	41	14	6	0,927	146	2,41
2	MARC-ANDRÉ FLEURY	PITTSBURGH	64	39	18	5	0,915	150	2,37
3	ANTTI NIEMI	SAN JOSE	64	39	17	7	0,913	149	2,39
4	BEN BISHOP	TAMPA BAY	63	37	14	7	0,924	133	2,23
5	TUUKKA RASK	BOSTON	58	36	15	6	0,930	115	2,04
6	CAREY PRICE	MONTRÉAL	59	34	20	5	0,927	134	2,32
7	HENRIK LUNDQVIST	RANGERS DE NY	63	33	24	5	0,920	144	2,36
8	KARI LEHTONEN	DALLAS	65	33	20	10	0,919	153	2,41
9	STEVE MASON	PHILADELPHIA	61	33	18	7	0,917	145	2,50
10	COREY CRAWFORD	CHICAGO	59	32	16	10	0,917	128	2,26

MJ = matchs joués; MG = matchs gagnés; MP = matchs perdus;
DPF = défaite en prolongation ou fusillade; % A = pourcentage d'arrêts;
BA = buts accordés; MBA = moyenne de buts accordés

STATISTIQUES À LA FIN DE LA SAISON

OBJECTIF : LA COUPE — 2014-2015

ASSOCIATION DE L'EST

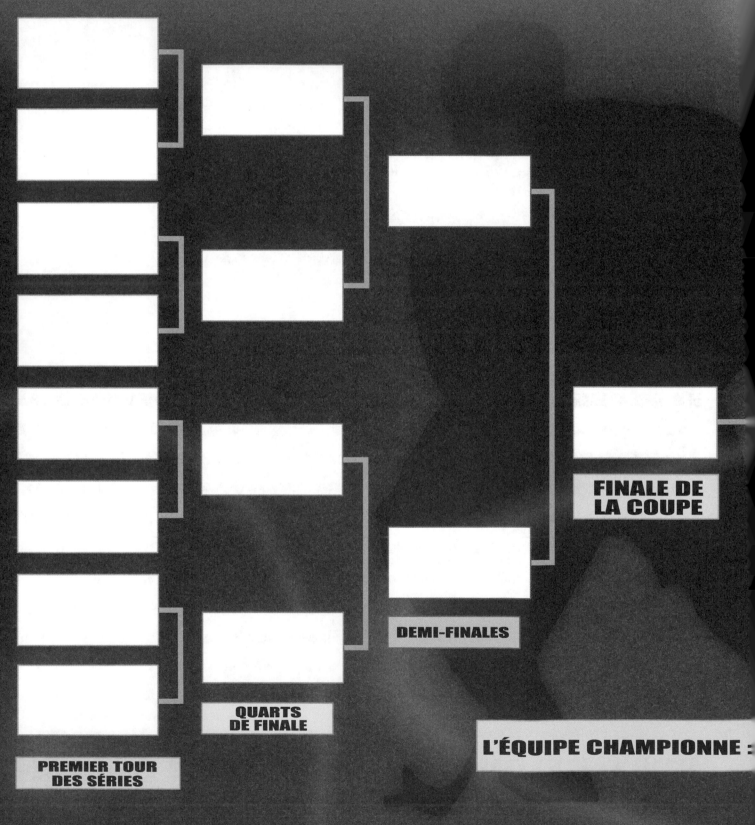

FINALE DE LA COUPE

DEMI-FINALES

QUARTS DE FINALE

PREMIER TOUR DES SÉRIES

L'ÉQUIPE CHAMPIONNE :

ASSOCIATION DE L'OUEST

DEMI-FINALES

**QUARTS
DE FINALE**

**PREMIER TOUR
DES SÉRIES**

TROPHÉES DE LA LNH

Voici les prix les plus importants décernés aux joueurs de la LNH. Indique ton choix de joueur pour chaque trophée, puis le nom du gagnant.

TROPHÉE HART

Décerné par l'Association des chroniqueurs de hockey au joueur jugé le plus utile à son équipe.

Le gagnant 2014 : **Sidney Crosby**

Ton choix 2015 : _____

Le gagnant : _____

TROPHÉE ART ROSS

Décerné au champion des marqueurs à la fin de la saison régulière.

Le gagnant 2014 : **Sidney Crosby**

Ton choix 2015 : _____

Le gagnant : _____

TROPHÉE CALDER

Décerné par l'Association des chroniqueurs de hockey à la meilleure recrue de l'année.

Le gagnant 2014 : **Nathan MacKinnon**

Ton choix 2015 : _____

Le gagnant : _____

TROPHÉE JAMES NORRIS

Décerné par l'Association des chroniqueurs de hockey au joueur de défense qui a démontré la plus grande efficacité durant la saison.

Le gagnant 2014 : **Duncan Keith**

Ton choix 2015 : _____

Le gagnant : _____

TROPHÉE VÉZINA

Décerné au meilleur gardien de but par les directeurs généraux de la LNH.

Le gagnant 2014 : **Tuukka Rask**

Ton choix 2015 : _____

Le gagnant : _____

TROPHÉE MAURICE RICHARD

Décerné au joueur qui a marqué le plus de buts en saison régulière.

Le gagnant 2014 : **Alexander Ovechkin**

Ton choix 2015 : _____

Le gagnant : _____

TROPHÉE WILLIAM M. JENNINGS

Décerné aux gardiens de but ayant participé à au moins 25 matchs durant la saison, au sein de l'équipe ayant la plus basse moyenne de buts accordés.

Le gagnant 2014 : **Jonathan Quick**

Ton choix 2015 : _____

Le gagnant : _____

TROPHÉE LADY BYNG

Décerné par l'Association des chroniqueurs de hockey au joueur qui a démontré le meilleur esprit sportif ainsi qu'une grande habileté.

Le gagnant 2014 : **Ryan O'Reilly**

Ton choix 2015 : _____

Le gagnant : _____

TROPHÉE FRANK J. SELKE

Décerné par l'Association des chroniqueurs de hockey au joueur d'avant qui a démontré le plus haut degré d'excellence dans l'aspect défensif du jeu.

Le gagnant 2014 : **Patrice Bergeron**

Ton choix 2015 : _____

Le gagnant : _____

TROPHÉE CONN SMYTHE

Décerné par l'Association des chroniqueurs de hockey au joueur le plus utile à son club durant les éliminatoires de la Coupe Stanley.

Le gagnant 2014 : **Justin Williams**

Ton choix 2015 : _____

Le gagnant : _____

TROPHÉE BILL MASTERSON

Décerné par l'Association des chroniqueurs de hockey au joueur qui a démontré le plus de persévérance, d'esprit sportif et de dévouement pour le hockey.

Le gagnant 2014 : **Dominic Moore**

Ton choix 2015 : _____

Le gagnant : _____

L'auteur tient à remercier les sites web de la LNH, de l'AJLNH, du Temple de
la renommée du hockey et des joueurs de hockey ainsi que les sites IIHF.com,
hockeydb.com et eliteprospects.com qui ont aussi été une source supplémentaire
d'information.

Photo de l'auteur :
André Ringuette/HHOF-IIHF images

Illustrations de Bill Dickson

Références photographiques :

Byfuglien : Mark Buckner/LNH via Getty Images Sport
Crosby : Jonathan Kozub/LNH via Getty Images Sport
Filppula : Kirk Irwin/Getty Images Sport
Getzlaf : Derek Leung/Getty Images Sport
Hertl : Lance King/Getty Images Sport
Karlsson : Scott Audette/LNH via Getty Images Sport
Keith : Norm Hall/LNH via Getty Images Sport
Kessel : Graig Abel/LNH via Getty Images Sport
MacKinnon : Paul Bereswill/Getty Images Sport
Marleau : Ronald C. Modra/Sports Imagery via Getty Images Sport
Oshie : Gregg Forwerck/LNH via Getty Images Sport
Ovechkin : Brian Babineau/LNH via Getty Images Sport
Price : Richard Wolowicz/Getty Images Sport
Rask : Paul Bereswill/Getty Images Sport
Subban : Bruce Bennett/Getty Images Sport
Tavares : Joel Auerbach/Getty Images Sport
Toews : Bill Wippert/LNH via Getty Images Sport

ISBN 978-1-4431-3365-4
Titre original : Hockey Superstars 2014-2015
Copyright © Scholastic Canada Ltd., 2014.
Copyright © Éditions Scholastic, 2014, pour le texte français.
Tous droits réservés.

Édition publiée par les Éditions Scholastic, 604, rue King Ouest, Toronto (Ontario)
M5V 1E1 CANADA.

4 3 2 1   Imprimé au Canada 118   14 15 16 17 18